CRONOFAGIA

Editora Appris Ltda.
1.ª Edição - Copyright© 2025 dos autores
Direitos de Edição Reservados à Editora Appris Ltda.

Nenhuma parte desta obra poderá ser utilizada indevidamente, sem estar de acordo com a Lei nº 9.610/98. Se incorreções forem encontradas, serão de exclusiva responsabilidade de seus organizadores. Foi realizado o Depósito Legal na Fundação Biblioteca Nacional, de acordo com as Leis nºs 10.994, de 14/12/2004, e 12.192, de 14/01/2010.

Catalogação na Fonte
Elaborado por: Josefina A. S. Guedes
Bibliotecária CRB 9/870

B823c
2025

Brasil, Carla
Cronofagia / Carla Brasil. – 1. ed. – Curitiba: Appris, 2025.
68 p. : il. color ; 21 cm.

ISBN 978-65-250-7857-1

1. Poesia brasileira. 2. Humorismo brasileiro. 3. Tempo. 4. Ironia. 5. Melancolia. 6. Existencialismo. 7. Ansiedade. 8. Digital. I. Título.

CDD – B869.1

Appris editorial

Editora e Livraria Appris Ltda.
Av. Manoel Ribas, 2265 – Mercês
Curitiba/PR – CEP: 80810-002
Tel. (41) 3156 - 4731
www.editoraappris.com.br

Printed in Brazil
Impresso no Brasil

CARLA BRASIL

CRONOFAGIA

Curitiba, PR
2025

FICHA TÉCNICA

EDITORIAL	Augusto V. de A. Coelho
	Sara C. de Andrade Coelho
COMITÊ EDITORIAL	Ana El Achkar (Universo/RJ)
	Andréa Barbosa Gouveia (UFPR)
	Jacques de Lima Ferreira (UNOESC)
	Marília Andrade Torales Campos (UFPR)
	Patrícia L. Torres (PUCPR)
	Roberta Ecleide Kelly (NEPE)
	Toni Reis (UP)
CONSULTORES	Luiz Carlos Oliveira
	Maria Tereza R. Pahl
	Marli C. de Andrade
SUPERVISORA EDITORIAL	Renata C. Lopes
PRODUÇÃO EDITORIAL	Bruna Holmen
REVISÃO	Débora Sauaf
DIAGRAMAÇÃO	Amélia Lopes
CAPA	Carla Brasil
ILUSTRAÇÕES	Daniel Uires
REVISÃO DE PROVA	Lavínia Albuquerque

A minha vida é como se me batessem com ela.

(Fernando Pessoa)

Aos que pensam demais, sentem demais
e têm tempo de menos para se digerir.

PREFÁCIO

> O nada é, como a poesia.
> (paráfrase de Hui Neng)

De sempre, fui um devorador de livros. De dicionários a bula de remédios. Criança, me chamou a curiosidade essa tal de poesia. Linhas mais curtas, e fora as palavras difíceis, eu me contentava com seus mistérios.

Carla Brasil abre o seu livro com uma paródia sofrida e indignada do hino nacional, marcando a sua vocação do abismo. Os adjetivos patrióticos da letra original são trocados por palavras catárticas, no limite de sua intensidade, para falar do ontem e do hoje.

> "Teus governos, insanidades
> Atrofiam o nosso povo até a morte"

A revolta permeia todo o olhar da poeta.
Mais adiante, encontramos maior coloquialidade prosaica (será que isso vem de Pessoa, sua paixão confessa?). A poeta é dura, até feia, quando necessário, num ombro a ombro de termos estilizados sucedidos na sua arrogância pelo embate com a vulgaridade.

A poeta não foge do sujo, vai até o limite, sempre em favor da ideia, sem sacrificar o encantamento perverso de algumas imagens, beirando o sórdido:

> "uma bunda esculpida
> pela plateia"

Mas mantém abertura para seus signos beberem no abstrato da filosofia — nefelibata com pés no esgoto, o prudente uso de neologismos no instinto da métrica e da tônica:

> "Ruando por vidas, botecos
> e becos sem saída"

O impulso do vazio nas elipses criativas pelo entrechoque (quântico, diria eu, apaixonado pela física e pela filosofia oriental).

Tem tudo isso e mais: tem o silêncio... do nada.
...e vamos por aí!

É muito bom ler uma jovem poeta, como Carla Brasil, que na sua primeira arremetida chega tão longe. Me dá vontade de usar um daqueles sonoros palavrões descarados, para escancarar o meu entusiasmo.

Precisa?

Ruy Guerra

SUMÁRIO

MASTIGAR O TEMPO
Hino Marginal Brasileiro 17
Clichês do tempo 19
Vida que segue 20
Pessoa(s) 22
Trabalhador brasileiro 23
Tragar 26
Voo do Norte 27
Sonho dos desesperados 28
Minuto estranho 29
Questões 30
Pausa dramática 32
De:pressão 33
Semeadura 35
Nossos tempos 36

CUSPIR VERSOS

Foi o Rio que passou em minha vida 40
A medida do tempo 41
Sobre o amor 42
Caróis 43
Não pode 44
Vaidades 45
Soneto da Rima 46
Redes de Ais 47
Bipolaridade 49
Rlx bb 50
Era de Aquário 51
Ao muso inspirador 53
É isso 54
E se... 55
Queima de estoque 56
Elas 57
Nem lá nem cá 59
Quarta-feira 60
Culpa da Beatriz 61
Esse pê 63
Fim de tarde 64
O que restou 65
Comer, pecar e cagar 66

MASTIGAR O TEMPO

Hino Marginal Brasileiro

Ouviram de quem sangra às margens sádicas
De um povo inócuo um brado decepante,
E o sol da liberdade, em passos túrgidos,
Virou-se dessa pátria neste instante.

Se quem furtou nossa igualdade
Conseguiu nos dominar com braço forte,
Teus governos, insanidades,
Atrofiam o nosso povo até a morte.

Ó pátria armada,
Castigada,
Jaze! Jaze!

Brasil, um sonho inverso, um braço rígido
De pavor e insegurança à terra desce,
Se em teu brumoso céu, tristonho e insípido,
A imagem do teu erro resplandece.

Distante da sua própria natureza,
És cego, és pobre, esquálido, corroso,
E o teu futuro espelha essa fraqueza.

Terra calada,
Entre outras mil,
És tu, Brasil,
A mais roubada!
Pros filhos deste solo és tão hostil,
Pátria amarga,
Brasil!

Clichês do tempo

corre o tempo e eu não corro
ele salta colinas
eu me destroço em pedregulhos
ele voa absorto
e eu fico na lama,
no rastro bastardo do seu pecado

passa com seu olhar perfilado
seu fôlego arbitrário
o riso sarcástico e dissimulado
de um deus ordinário

corre como quem foge porque teme
o carma de ser perene
do poder onde nada lhe escapa
e a tudo que não consome
ironicamente descarta

mas seria redimido
se um dia ao menos olhasse
pra esse pobre diabo
que dele só leva no rabo.

Vida que segue

Cambaleando trôpega pelas ruas do destino,
ela segue

Com passos em descompasso
andando despida pelo terraço
ela segue

Ruando por vidas, botecos e becos sem saída
ora encontrada, sempre perdida
ela segue

Fingindo ser sua própria guia
retornando a começos que já nem sabia
ela segue

Vendo no fenecer de cada trilha
seus retrocessos em pontos de partida
ela segue

Até estaciona-se em momentos
farta das migalhas deixadas
por medíocres contentamentos

E no discernir de que não vale a pena
(ardilosa peça essa que ela nos prega)
volta ao caminho desconhecido de antes
já não mais como dantes.

Mas ela segue.

Pessoa(s)

Ontem um amigo me perguntou
sobre essas coisas de intensidade da dor
daquela sentida quando escrevia
qualquer despretensiosa poesia

Lembrei que para além do sentir a dor
aquela sentida (ou não) pelo fingidor
há o hiato da imaginação
daqueles que sentem sem o coração

E o sentir sem o fazer pelas vias da razão
é só ocupar tempos e espaços tão escassos
no desassossego dos des-alma-dos

É colocar o que é marginal no centro
e achar que é possível ver o todo
mirando apenas um único incômodo:
a dor que vem de dentro.

Trabalhador brasileiro

Trabalha a dor o brasileiro
do fogo do canteiro
ao som fabril do cinzeiro
Nas ruas dos sonhos varridos
pelas arestas das casas
aos panos e às traças.

Trabalha a dor o brasileiro
no lixo que recolhe
no lixo que escolhe
Na comida que não come,
no estômago que grita
No tudo que constrói
e não habita
Na roupa que costura
e não pode usar
No tudo que serve
e não pode pagar
Aos lugares que conduz
sem poder entrar.

Trabalha na dor o brasileiro
pela terra que é tanto sua
quanto não é
nasce, produz, padece
só não morre
(porque nesse préstimo abusivo,
só morre quem tá vivo).

O tal do trabalhador brasileiro
é mesmo o homem do avesso
a parte execrável escondida
nas próprias entranhas da vida.

Tragar

Trago num trago
muitas coisas que atraco
umas outras que distrato
e tantas outras que me escapam.

Trago de tudo um pouco
exceto o tudo que poupo
o que sobrou do esporro
o que desceu pelo esgoto.

Só não trago o que apago
o que piso e esmago
por não servir mais nem de afago
à vida que viciadamente amargo.

Voo do Norte

Avoa pássaro da peste
que agora no meu colo não mais te arreia
Espia que nem me esquento
se é pra cá ou pra acolá
que tu te bandeia

Ora, se já é pra ti a hora de ir
vai-te embora sim
num te aperreia

Melhor é que te aquiete
num sabe lá Deus onde
vai vê é lá onde Ele também se esconde

Te solta assim mesmo
todo pávulo e serelepe
já te custou muito a passagem
Imagina só! Ter que carecer
de gente da nossa espécie.

Sonho dos desesperados

Pudera eu
abrigar-me à casa do silêncio
sentar-me junto às vozes cansadas
daqueles que trocaram todo esse barulho
pela penumbra da voz guardada.

Pudera eu
aprender como se cala
o nó que vem da garganta
e desata na alma.

Pudera eu
levá-lo comigo mundo afora
e fazer calar todas as vozes
as de dentro e as de fora.

Pudera eu...

Mas já tá vendida a minha alma
Para esse barulho que promete tudo
e não entrega nada.

Minuto estranho

Chega de remanso,
Circunspecto e entorpecido.
O nada é mais assustador
que qualquer espectro
ou repente desolador.

O indefinido destemido
quando encara as vísceras do ser
colide com toda certeza
entulhada nas profundezas.

Agita e agoniza
o conhecido que me habita,
exigindo que algo seja dito!
Mas o enigma no seu olhar
é inalteradamente mantido.

Seus olhos argutos, ao penetrar o que não vemos
enxergam o quê?
O que a gente perde nesse nada
que nada tem a perder?

Questões

O que é esse emaranhado de ilusões
— teias que se tecem
no infortúnio dos infelizes —
envolvendo o âmago dos condenados
que vagam nesse mundo plangente
de, quem sabe, corruptores
mas nunca pertencentes.

Talvez às perguntas,
à inquietação dos espíritos irresolutos
Daqueles que perseguem com insistência
as incógnitas da sua própria permanência.

Pausa dramática

No cerrar dos olhos
habita meu ópio
que dança como ar concreto
nas curvas cinzas do deserto

Mas ao toque da razão
ao bafo gélido da questão
bate-se em retirada
como brincante refugiada

Ah, esse hiato

De tão sólido e abstrato
que os afortunados que o desbravaram
de lá, nunca mais voltaram

Mas nessa rolha de vidro
tudo o que é eterno não se cria
tudo o que é ida, sempre vinda
tudo o que é porta, sempre volta.

De:pressão

Desci às águas turvas
No denso das cores noturnas
Onde a vida, à morte se mistura
Perpetua.

Juntei-me ao mato, lodo e musgo
Numa vontade irônica de subterfúgio
No preto, marrom, verde marinho
Dos movimentos frios, esguios e pequeninos

Beleza, tu que passas arredia e fátua
impregnada de outras cores e amores,
Acelera logo teus passos de fada
Antes que tropeces e caias
Neste espaço de suplício mudo
Onde só a fumaça do meu cigarro se propaga
Onde o esgotamento encontra casa
E tudo é adornado de nada.

Aqui, para você ser alguém,
Tem que ser ninguém
Tem que olhar pro alto
Não como quem espera um arauto
Da redenção ou da razão
Mas como quem escorrega distraído
Enquanto mira num vazio infinito
A alma, que inerte, desce ao abismo.

Semeadura

Planto um ponto semente
molho com luz
fôlego e choro
Jogo sol
adubo com corpo

Mas vem a praga
e leva toda a saga
do meu ponto semente

Foda-se se a terra é doce e arada
é até bom que seja
para dar ainda mais graça a essa desgraça.

Nossos tempos

Somos tempos do luto da alma
nascidos onde há tudo e tudo falta
O tudo que nos cansa
em tudo que não nos basta
Recipientes vindo com furo
nesse mundo confuso
denso, sem ser profundo
complexo, sendo mesmo complexo.
Programados para tudo
máquinas que não somos
máquinas que nos tornamos.
Mas ao nos programar
esquecerem que a matéria-prima do ser
vem de outro lugar
de um outro tempo que não cabe nesse.

Deve ser por isso que bugamos,
Assombrados pelo futuro
ameaçados com o passado
Com a mesma bula tratamos isso tudo
Enquanto robotizados
esperamos o milagre do algoritmo
ou da vacina que há de salvar-nos
Mas que até agora, nada.

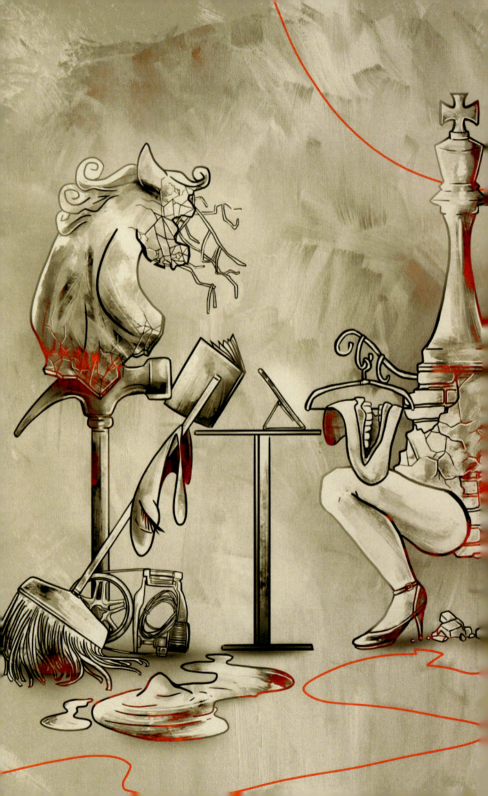

CUSPIR VERSOS

Foi o Rio que passou em minha vida

Onda e areia
que na calçada deita
Viola que toca
a áurea Cartola
Pele que salga
o tempero da Lapa
Morro que vive
ao som do rifle
Cristo que abarca
mas não abraça
Beleza que late
pras calçadas da festa
Rio do que sou
Rio do que resta.

A medida do tempo

Quanto tempo tem?
o rosnar do relógio
o passo do marcapasso
o arrastar descalço
o tédio que alastro

Quanto tempo cabe?
no que está à parte
da minha vontade
dos caprichos da cidade
dos mortos da idade

Quanto tempo passa?
no céu farto do quarto
no viço marasmo
do inútil vai e vem
do meu vadio traço

Sobre o amor

É como o caviar
nunca vi, nem comi
eu só ouço falar.

Caróis

É a voz que se levanta
arregaça a manga
silencia a banda
gargalha na varanda.
branca como a onda

No beco da insanidade
ela acontece
amolece, enrijece

No caos do boteco
no ócio do seu copo
ela insurge como reflexo
como complexo do inflexo
que ela colore, que a ela devore.

Não pode

dois homens numa moto
    sintomas pesquisados no Google
        mensagem com um tracinho
            aquela batida na quina com o mindinho

Vaidades

Solta flores sob a lama dos pés
lambuza nelas o brilho altivo
das tuas falsas pérolas.
descarrega sob a pele
o peso boçal da tua migalha
pra atenta plateia alienada.

No final és aquela nota
de som oco e agudo
vomitada pela goela
que dança distraída e falsa
como se fosse valsa
num eco mais desafinado que solto
pois demora-te na atenção dos tolos.

Mas segues distraída
sob o hino das palmas
da atenta plateia, alienada.

Soneto da Rima

Decidi não mais rimar
mesmo que essa vadia intrusa na minha cabeça
que não sabe a hora de parar
nunca enfim desapareça.

Quer tão somente enredar
enfeitar o que não se rodeia
o que deve ser dito sem titubear
para da verdade nunca me tornar alheia.

Se parece um manjar servido aos ouvidos
para o poeta está mais para a cabeça
e um mártir servido numa bandeja.

Mas salteia nos meus versos oprimidos
que sua indulgência enseja
enquanto acredita ser o que claramente não seja.

Redes de Ais

deslisa, printa
arrasta, clica
    cancela quem não se explica

alterna, rola
comenta, silencia
    venera quem viraliza

enfurece, engradece
emburrece, enlouquece
    quem de felicidade adoece

distorce, contorce
estorce, torce
    para quem os endosse

confunde, infunde
difunde, contunde
    quem nesse mundo insurge

Bipolaridade

Com o tempo

Em torno de mim

Saio de ti.

Giro a reta

Estática e curva

Nunca ereta.

Voo do inferno

Ao ártico

Oposto do mesmo espasmo.

Sim e não

Na mesma razão

E proporção.

Rlx bb

n é bem isso q vc pensa
sro, tb sei me aprofundar
é só vc flr o q qr sbr
q googleando, vou desenrolar
ah, e se for algo q realmente me interessa
daki a pouco, sei até tutoriar

em 3 passos p isso
5 dicas d cm fzr aql
mostro p vc
cm rpd aprendo
e + rpd ainda te surpreendo

é isso, e para d reclamar, vai
já n era d se esperar
q numa vida tão corrida
onde mal tenho saco p dgt,
sobraria lá alg tempo p divagar?

Era de Aquário

E nunca foi pro mar
Acostumou-se à redoma do ar
ao sol de plástico
ao céu de aço.

Aproxima-se da beira-vida
mas ao toque gélido
retrai-se à existência não estendida
Tão vazia e oblíqua
quanto a ilusão
que observa contida.

É forasteira do universo
corpo sem chão.
Do infinito,
só seu mundo disperso
abstrato nos verbos
substrato da solidão
do não saber querer
do não saber caber.

Então volta poética e suja
a ver mundo que enferruja
no vidro insípido da abstenção.

Ao muso inspirador

As curvas do Rio nunca se viram tão lindas
tão escuras como o inebriante sabor do mar
Laçados nas tuas tranças meus olhos ficaram
e de lá não saíram nem mesmo pra sonhar.

Quando delas enfim se libertaram
nos relevos esculpidos da tua cor ficaram
As formas duras e concisas do teu corpo
contornam meus pensamentos até o dorso.

Devota sou, ó muso, da tua beleza crua
da arte que te reflete e te transmuta
Do teu riso largo que abocanha a calma
dessa mortal que tens na palma.

É isso

no final, sou feita da mesma volúpia barata
quero ter um cabelo com cheiro de floresta
um peito redondo e grande
e uma bunda esculpida pela plateia.

E se...

Tudo acabar, começo um samba
Se tudo mudar, fico no samba
Se o sol não brilhar, amanheço o samba
Se a vida andar, tropeço num samba.

Se o destino avacalhar, ironizo com samba
Se a voz faltar, imagino um samba
Se ela me deixar, choro com samba
Se tudo acabar, começo um samba.

Queima de estoque

Me vendi por trinta pratas.
Pareceu um bom negócio
apesar de estranho
É que se eu me entregasse
receberia de volta
tudo o que eu gostasse.

Se bem que,
se eu já não me tivesse,
como poderia então gostar
do que quisesse?

Mesmo assim, fechei o negócio.
É que fiz as contas aqui
E vi que já tem tempo
Que tô parada no estoque.

Elas

Onde nascia a vida
agora pousa morto o grão.
O ventre que abrigava sorte e pão
se desfaz em mofo
alimentando vermes
que são menos vermes
que aquele que os serve.

Poderia ser abrigo,
não fosse sangue
Poderia ser vida,
não estivesse fria.
Da casa que produz o dia
à noite que cospe o coração que dorme.

De onde vem esse diabo
que jamais devia ser encarnado
capaz de tirar a vida
da única que pode dar
(até pra quem Deus duvida)?

Nem lá nem cá

Pro bem e pro mal
fico e sujo
Pro claro e pro confuso
erro e encoberto
Pra lua e pro sol
durmo a céu aberto
Pro velho e pro novo
paro e não me envolvo
Pra dor e pra alegria
cerveja e serotonina
Não necessariamente nessa ordem
Mas sempre nessa desordem.

Quarta-feira

Era uma tarde de luz azeda
Um dia de roupa bege
Qualquer coisa entre algo
e alguma coisa
Era a mediana
Nem lá, nem cá
Nem isso, nem aquilo
Não fedia nem cheirava
Estava no meio
mas não se destacava
Dividia
mas não marcava
Era o ponto morto
O ponto neutro
Que não ajuda
nem atrapalha.
Desnecessária?
Talvez.
Desimportante demais
pra ser pensada.

Culpa da Beatriz

É por isso que queria ser atriz
pra viver tudo o que não fiz
ter um castelo feito de giz
ser o mundo que não me quis.

Mas como isso exigia corpo
e eu sou sopro
Como tudo penso
e nada faço
Tento um arremedo disso
nuns versos simulacros
girando num compasso
sem compromisso com o exato.

Até porque,
sabe-se lá se fingir na pele
é mais viver
que fugir dela
e escrever.

Sabe-se lá
se digitar qualquer merda
é menos sentir
do que quem sente.

Então, sem saber
isso já me basta.
Mentira. Não basta.
Mas é o que temos pra hoje.
e pra amanhã também.

Esse pê

O rosto era de um azul cimentar
tinha olhos de brilho noturno
e de frias manhãs despretensiosas
Soava mais como um lugar dentro de mim
que saía de si e ia caminhar lá fora.
Esse pê que nem tá longe do erre
mas tá sim.
Separados por um quê
de solares e mistérios.

Fim de tarde

O dia nasceu tardio,
com preguiça de se achegar
não queria descer nem pra brincar.
Tinha humor de poucos amigos
de poucos perigos
Tinha ares de despedida
de música erudita
de fogo que cansa de esquentar.

Na solidão perpétua dos outros
cansou-se do que não soube
Esperando por outras horas
que não precisaria brilhar.

Na frustração de estar sem nunca ser
deve ter olhado furiosamente para cima
e soltado:
"Mas por quê?
se eu não Te pedi pra nascer?"

O que restou

Eu sou começo
ou o fim
Não tem meio
esse é o termo
Vivo ou morro
em mim
ou sem ti.
Sou presença
ou ausência
mas nunca permanência
Solto
mas não prendo
porque mexer na liberdade
nem fudendo.

Comer, pecar e cagar

Só sei que como (e como)
Nunca rezo
Quem dirá amo

Sou corno
Sempre arrego
E como eu como

Vivo no trono
Não o da reza
Mas do que como

Cago pra regra
Mas sempre retorno
À minha não-reza
E ao que não amo.